Lionel Pöffel

Zeichen und Komplexität

Reflexionen zum sub-symbolischen Paradigma der Semiotik

Lionel Pöffel

ZEICHEN UND KOMPLEXITÄT

Reflexionen zum sub-symbolischen Paradigma der Semiotik

ibidem-Verlag
Stuttgart

Die Deutsche Bibliothek - CIP-Einheitsaufnahme:

Ein Titeldatensatz für diese Publikation ist bei
Der Deutschen Bibliothek erhältlich

∞

Gedruckt auf alterungsbeständigem, säurefreien Papier
Printed on acid-free paper

ISBN: 3-89821-069-3

Printed in Germany

Inhalt

Zusammenfassung: Ausgehend vom sub-symbolischen Paradigma nimmt diese Arbeit eine semiotische Perspektive ein und untersucht verschiedene Konsequenzen, die sich für die Semiotik ergeben. Sie versucht eine Rekonstruktion der konnektionistischen Sicht am vorausgegangen symbolischen Paradigma der Kognitionsforschung. Einen wichtigen Schwerpunkt bildet die Annahme, daß insbesondere große Massen für kognitive Systeme wichtig sind. Chaostheorie spielt hier also eine Rolle. Aber auch Überlegungen zu zeitlichen Aspekten und Fragen der Rekursion werden unter anderem angeschnitten.

Schlüsselwörter: Semiotik, Konnektionismus, sub-symbolisches Paradigma, symbolisches Paradigma, Chaostheorie, Repräsentation, Rekursion, Kognitionswissenschaft, Systemtheorie

Inhaltsverzeichnis

1. Einleitung

Die Frage nach Zeichenprozessen in unserer gesamten, nicht nur humanen Umwelt kann auf sehr verschiedene Weisen angegangen werden. Unter anderem stellt sich als Thema dar, ob es ausreicht, diese Abläufe von außen zu »verstehen«, ihnen durch die Beziehungen zwischen den Kommunikationspartnern Bedeutung zuzuordnen, oder ob es nötig ist, auch die Zeichenverarbeitung bei den Individuen oder beliebigen Systemen zu verstehen bzw. zu modellieren.

Die letztere Auffassung hat sich insbesondere in der informatischen Welt sehr stark verbreitet, da es hier möglich ist, nach einer Modellierung Thesen auch in sehr großem Umfang direkt zu testen, also quasi zu »praktischen«Erfahrungswerten in einem Gebiet zu gelangen, das ansonsten doch eher von Untersuchungen am Lebewesen oder von theoretischen Überlegungen lebt, letztendlich also Versuche mit eigenen Modellen nur in geringerem Maßstab durchführen kann.

Großen Einfluß hat hier die These des Konnektionismus gewonnen, welche entsprechend dem sub-symbolischen Paradigma davon ausgeht, daß Informationsverarbeitung nicht auf einer streng symbolischen Ebene, sondern auf der Basis von massiver Interaktion zwischen Einheiten eines neuronalen Netzwerks abläuft.

Es hat insbesondere zum sub-symbolischen Paradigma verschiedene Ansätze seit Anfang der 80er Jahre gegeben, die nicht nur auf solchen Netzwerken aufbauen, denen aber die These der Interaktion zwischen relativ vielen Einheiten als Basis der Kognition und Informationsverarbeitung gemeinsam ist.

Diese Arbeit wird sich schwerpunktmäßig mit verschiedenen Aspekten dieser Interaktion auseinandersetzen, dabei teilweise auf die zumindest theoretisch inzwischen sehr weit entwickelten Standpunkte zu diesem Thema eingehen.

Das sub-symbolische Paradigma, insbesondere der Konnektionismus, haben sehr stark die Tendenz zur Modellierung vor allem kognitiver Vorgänge. Einerseits wegen der starken Ausrichtung auf interne Vorgänge, andererseits wegen des schwierigen sub-symbolischen Zeichenbegriffs ist die Behandlung von Semiosen nicht ganz einfach[1]. Dies zeigt sich natürlich tendenziell auch in dieser Arbeit. Damit der Anteil der Semiotik an diesem Feld dennoch klar wird, gehe ich zuerst auf die Verbindung zwischen Semiotik und sub-symbolischem Paradigma bzw. Konnektionismus ein.

In der Folge möchte ich erläutern, welche Schwierigkeiten früherer Auffassungen zur Symbol- und Informationsverarbeitung zu dieser These führten. Hierbei wird natür-

lich die starke Anwendungsorientierung, insbesondere des Konnektionismus zum Zuge kommen. Im Zusammenhang damit stehen vor allem Fragen der Modellierung informationsverarbeitender Systeme.
Es folgt eine etwas detailliertere Erörterung der Frage, inwieweit denn durch massiv parallele Interaktion von irgendwie gearteten Einheiten geordnetes Verhalten eines Systems zustande kommen kann. Den Abschluß der Arbeit bilden Überlegungen zu verschiedenen Eigenschaften massiv paralleler Systeme, die für die Kognition interessant sind.

2. Semiotik und Konnektionismus

Um eine Verbindung von Semiotik zum sub-symbolischen Paradigma und zum Konnektionismus herzustellen, ist sicherlich der Umweg über die Kognition ein möglicher Argumentationsweg. Dies gilt insbesondere deshalb, weil diese Richtung, vor allem auch durch den Einfluß der Informatik, sehr stark anwendungsgeprägt ist, was in diesem Falle zur hauptsächlichen Ausrichtung auf Tests mit Modellen von Kognition führt. Dabei kommt den Beteiligten natürlich zugute, daß durch die Simulation mit dem Computer scheinbar Untersuchungen am »lebenden«Objekt auf »Funktionieren«bzw. Effektivität möglich sind.

Von seiten der Semiotik ergibt sich die Notwendigkeit, kognitionswissenschaftliche Fragestellungen auch im zeichenbezogenen Kontext zu betrachten, da sich hier die Möglichkeit zeigt, für Semiosen eine Erklärungsbasis zu finden, die durch Untersuchungen der Strukturen und Abläufe interner Informationsverarbeitung von Lebewesen gestützt sind. Dazu ist es aber auch notwendig, daß Kognitionswissenschaft auf diese enge Verflechtung stärker bezug nimmt, also die sozusagen »äußere« Komponente von Kognition reflektiert und entsprechende Untersuchungsergebnisse einbezieht [Dölling 98, S.134]. Semiotik geht über Semiosen zwischen Lebewesen hinaus. Letztendlich tut dies auch der Konnektionismus, indem er mit formalen neuronalen Netzwerken Kognition modelliert. Aber gerade diese kognitionsbezogene Ausrichtung des Konnektionismus ist es, die auch einige Schwerpunkte dieser Arbeit prägen wird.

Der Konnektionismus ist auch zuerst ein Paradigma der Kognitionswissenschaft, das, worauf ich noch eingehen werde, vor allem in Folge und auch als Alternative des bis in die frühen 80er Jahre hinein dominierenden symbolischen Paradigmas entstand [Dölling 98, S.144]. Hieraus erklärt sich auch die alternative Bezeichnung »subsymbolisches Paradigma«. Dorffner weist darauf hin, daß die Bezeichnung Konnektionismus durchaus berechtigt ist, insofern als sie auch einen Abstand zu rein auf neurale Funktionen ausgerichteten Erklärungsmustern[2] schaffe [Dorffner 89, S.212]. Kurz gesagt beruht die These des sub-symbolischen Paradigmas auf der Aussage, kognitive Prozesse seien immer als Interaktion von sehr vielen Einheiten (Prozessoren) zu verstehen, in deren Verbindungen Wissen ohne direkte symbolische Repräsentation gespeichert werde [Dölling 98, S.145]. Dabei ist, wie gesagt, die Verbindung und

die Interaktion zwischen den Prozessoren noch nicht genauer spezifiziert. Welche Auswirkungen sich hier ergeben, werde ich in Kapitel 4 und 5 ansprechen.
Soweit die Kognitionswissenschaft interne Fragen der Wissensverarbeitung und -speicherung untersucht, stellen sich der Semiotik eine Reihe von Problemen, was Wahrnehmung und Kommunikation anbetrifft. So können sich beispielsweise Codes und Symbole eventuell der Lokalisation entziehen, wenn auch ihre Speicherung beispielsweise als Verschaltungsmuster neuronaler Netzwerke geschieht.
Dies beeinflußt unter anderem die Auswahl von Zeichen für verschiedene Kommunikationszwecke, aber auch die ihnen vom Individuum zugewiesene Bedeutung. Beispielsweise deutet sich schon in der Art der mehr oder weniger starken Verschaltung von Units an, daß sowohl Verwendungsweise als auch Bedeutung eines Zeichens nur *angenähert* werden, daß also eine Situation nur graduell bestimmte Kriterien zur Verwendung eines Zeichens erfüllen muß. Ähnlich verhält es sich vermutlich auch mit der Interpretation, also der Bedeutungszuweisung. Umgekehrt stellt sich die Informationsaufnahme nach gängigen Modellierungsversuchen mit neuronalen Netzwerken scheinbar als reine Reizreaktion dar, die durch eine »erwünschte«Input-Output-Funktion näher definiert ist.
Einerseits scheinen sich so nähere Erklärungen auf Ergebnisse der (angeblichen) Simulation kognitiver Prozesse zu verschieben, so daß durch die Analyse der internen Vorgänge auch die Kommunikation mit der Außenwelt näher erklärt werden kann. Andererseits ergeben sich für den Konnektionismus langfristig Fragen darüber, wie denn kognitive Systeme beispielsweise in der Natur wirklich lernen, also »konditioniert« werden. Gerade bei stark sozial geprägten Individuen wie Primaten oder Menschen spielt hier sicher die Interaktion zwischen Individuen eine bedeutende Rolle [Peschl 89, S.245f]. Hieran sind natürlich Semiosen in hohem Maße beteiligt. Solche Fragen an den Konnektionismus ergeben sich im Übrigen ganz unabhängig davon, ob irgendeine Simulation von Kognition leistungsfähig ist oder sogar wirklich kognitive Prozesse nachahmen kann. Niemand hat ja behauptet, daß nicht manche Systeme entweder in einem gewissen Sinne äquivalent sein können oder daß nicht eventuell die Grenzen für das Auftreten auch von »intelligenten« kognitiven Prozessen relativ unscharf sein können.
Diese Aufzählung von Fragen, die weiterhin auch die Semiotik beschäftigen, selbst wenn der Konnektionismus eine Erklärung von Kognition von innen heraus und sogar festgemacht am Zusammenspiel der konstituierenden Bestandteile kognitiver Systeme versucht, ist keineswegs vollständig. Zudem ist es möglich, daß Anregungen

hierzu auch aus der »praktischen«Konnektionismusforschung kommen können. Mein Ziel war es vielmehr anzudeuten, daß sich auch weiterhin Themenbereiche ergeben, die ganz primär als semiotisch zu bezeichnen sind. Im kommenden Abschnitt werde ich darauf eingehen, an welchen Problemen des symbolischen Paradigmas sich der sub-symbolische Ansatz entwickelt hat. Anschließend werde ich mich mit verschiedenen Aspekten der Interaktion einer großen Zahl von Units beschäftigen.

3. Kritik am symbolischen Paradigma

In diesem Kapitel soll zweierlei geleistet werden. Einerseits geht es um eine kurze Rekonstruktion des symbolischen Paradigmas aus der Sicht des Konnektionismus. Auf diese Weise wird die sodann erläuterte Kritik des Konnektionismus aus verschiedenen Perspektiven hoffentlich klarer. Zuletzt werde ich darauf eingehen, daß sich der Grundlagenstreit als solcher bis heute kaum noch erhalten hat.

Die These, Kognition und Kommunikation verliefen entlang von diskreten, mehr oder weniger klar angebbaren Relationen zwischen Symbolen, die für Konzepte stehen, entwickelte sich , so Goschke, bereits mit logizistischen bzw. formalistischen Strömungen in der Mathematik, die die Auffassung vertreten, verschiedene mathematische Fragestellungen ließen sich, unabhängig vom semantischen Hintergrund, mit Hilfe rein syntaktischer Umformungsverfahren adäquat verarbeiten [Goschke 90, S.27].

Auf dieser These scheinen insbesondere Strömungen innerhalb des symbolischen Paradigmas aufzusetzen, die für eine Verarbeitung von Information und von geistigen Konzepten jeglicher Art rekursive Mechanismen der Reduktion und Bedeutungsfüllung syntaktischer Muster annehmen. Diese Verarbeitung stimme insbesondere mit verschiedenen Eigenschaften von der mathematischen Logik überein [Goschke 90, S.29].

Andere Thesen konzentrieren sich weniger auf die genaue Struktur der Repräsentation, sondern nehmen an, daß Konzepte in Form mentaler Zustände im Gehirn realisiert seien. Entscheidend sei für die Repräsentation in einem System nur, daß es sich verhalte, als ob Information gespeichert wäre (und zwar in einer symbolisch-relationalen Form). Obwohl hier gewisse Ansätze einer behavioristischen Sichtweise (Instrumentalismus) auftauchen, teilt diese Sicht mit der oben genannten die Perspektive der Manipulation von Symbolen und ihren Beziehungen im Prozeß der Informationsverarbeitung und -speicherung [Goschke 90, S.29].

Wichtig für diese Erklärungsversuche ist auch die Annahme des regelbasierten Vorgehens. Diese Art der Symbolmanipulation läßt sich sehr gut formalisieren und sich als mathematische Berechnung auffassen. Hieraus gründet sich die Bezeichnung »Komputationalismus«für die Vielzahl solcher Thesen [Goschke 90, S.26]. Es ist noch einmal darauf hinzuweisen, daß einige der hier genannten Thesen aus konnektionistischer Sichtweise geschildert werden. Einige davon halte ich durchaus für ge-

rechtfertigt, möchte aber dennoch zur Vermeidung von Mißverständnissen auf die Darstellungsperspektive hinweisen.
Die These des sub-symbolischen Paradigmas, der sogenannte »Konstituent«der Informationsverarbeitung liege nicht in Symbolen oder ihren Beziehungen bzw. den ihnen mehr oder weniger »kongruent« entsprechenden Strukturen oder Zuständen in informationsverarbeitenden Systemen, sondern auf einer niedrigeren Ebene, dem Sub-Symbol, einer von vielen Einheiten, die durch ihre Interaktion Kognition erzeugen, soll mehreren Anliegen Rechnung tragen:
Das symbolische Paradigma war praktisch nicht in der Lage zu erklären, wie sich nicht-bewußte Verarbeitung von Informationen konstituiert. Dabei geht es einerseits um »niedere«Funktionen wie das Erkennen relevanter Information aus der Umwelt, beispielsweise im optischen Bereich. Andererseits besteht die Frage nach der Struktur intuitiver kognitiver Prozesse, in denen offensichtlich nicht mit Konzepten bewußt umgegangen wird, wo also auch eine Modellierung nach dem Schema von Berechnungsvorgängen relativ inadäquat sein mußte [Dölling 98, S.144].
Ein weiteres Problem der konzept- und symbolbezogenen Modellierung ist jenes, daß eben Konzepte gerade bei intelligenten Systemen bei weitem nicht so klar kategorisiert werden, daß ihre Bedeutungswerte oder ihre Relationen zu anderen Konzepten allen Menschen, die dasselbe gedankliche Konzept internalisieren oder gedanklich bearbeiten, gemeinsam wären. Die Art und Weise, wie verschiedene Konzepte kategorisiert werden, läßt sich also nicht im Voraus angeben, so daß eine symbolbezogene Modellierung, die eben genau diese Angaben vorher benötigt, auf Dauer gewisse Schwächen haben muß. Dieses bedeutet allerdings nicht, daß nicht gewisse kognitive Vorgänge existieren, in denen eine bestimmte Kategorisierung sozusagen festgelegt werden kann, und die sehr regelbasiert ablaufen. Solche Abläufe lassen sich symbolisch sicherlich auch sinnvoll annähern [Dorffner 91, S.151].
Ein weiteres Problem ist, daß die Benutzung von Kategorien auch beobachtbar mit dem gesamten Umfeld eines kognitiven Vorgangs schwankt. Die daraus abgeleitete These des Konnektionismus, Informationsverarbeitung geschehe kontextsensitiv, bildet auch einen der größten Angriffspunkte für VertreterInnen des symbolischen Paradigmas. Ihre Argumentation ist dahingehend, daß die Kontextbezogenheit der Informationsverarbeitung jegliche sinnvolle Interpretation und Analyse des Systems sinnlos machen [Dorffner 91, S.177].
Hieraus ergaben sich verschiedene Versuche, symbolisches und sub-symbolisches Paradigma zu vereinigen. Eine wichtige Strömung folgt dabei der Annahme, die sub-

symbolischen Strukturen seien nur eine Realisierung oder Implementation der eigentlichen symbolverarbeitenden Mechanismen der Kognition, so daß sich diese aus den ersteren mit entsprechendem Aufwand herleiten ließen [Goschke 90, S.33]. Das Problem hierbei ist, daß sich praktisch dennoch derartige klare symbolverarbeitende Strukturen in sub- symbolisch arbeitenden Systemen nicht klar identifizieren lassen, selbst wenn sie *implizit* in gewisser Weise vorliegen, daß also das System eventuell auch ohne diese funktionieren könnte. Die Annahme der »Übersetzung«von Strukturen auf der symbolischen in solche der sub-symbolischen Ebene läuft einerseits Gefahr, die Vielfalt der möglichen Phänomene auf sub-symbolischer Ebene zu ignorieren, hilft andererseits auch nicht weiter, Informationsverarbeitung genauer zu untersuchen, da die Art der Übersetzung eventuell nicht bestimmbar ist, wenn auch nur aufgrund der schieren Größe konnektionistischer Systeme [Marr 82, S.27].
Ein zweiter Ansatz resultiert mehr aus einem anwendungsgerichteten Denken in der Konnektionismusforschung. Es geht darum, die Vorteile beider Paradigmen in einem hybriden Modell zu benutzen, das mit geringem Modellierungsaufwand sinnvolle Ergebnisse für KI-Systeme erbringt. Leider wird so natürlich die Antwort auf die Frage umgangen, wie die Informationsverarbeitung insbesondere in natürlichen Systemen nun abläuft [Dölling 98, S.145] [Goschke 90, S.41].
Eine letzte wichtige Eigenschaft[3] insbesondere natürlicher kognitiver Systeme ist die Herausbildung von Strukturen ohne äußeres Zutun, also ohne Eingriff beispielsweise einer modellierenden Person. Derartige Vorgänge, mit dem Schlagwort Selbstorganisation bezeichnet, lassen sich symbolisch nur schwer annähern, insbesondere deshalb, weil die wahrnehmbare Welt in der einen oder anderen Weise vorformalisiert werden muß [Dorffner 91, S.166], worauf ich später noch genauer eingehen werde. Auch hier bringt das sub-symbolische Paradigma einige Erklärungsmuster, die zumindest in der Simulation groß Erfolge zeigen. Hierauf werde ich im kommenden Abschnitt detaillierter Bezug nehmen.
Es gibt sowohl am symbolischen als auch am sub-symbolischen Paradigma noch weitere Angriffspunkte. Für eine umfassende Darstellung des gesamten Feldes an Thesen und Streitpunkten ist der Rahmen und auch die Zielstellung dieser Arbeit aber sicherlich nicht geeignet. Die Andeutung wichtiger Themenbereiche ist hier insofern ausreichend, als in den folgenden Abschnitten auf ausgewählte dieser Themen nochmals Bezug genommen wird.

4. Massiver Parallelismus

4.1 Die Grundidee der Emergenz

Wie bereits angedeutet, entsteht nach dem sub-symbolischen Paradigma Kognition durch die Interaktion vieler irgendwie gearteter Einheiten[4]. Es stellt sich also die Frage, ob und wie aus vielen gleichzeitig stattfindenden Aktionen, Ereignissen oder Prozessen ein geordnetes, teilweise sogar zielgerichtetes Verhalten entstehen kann.

Entscheidend für einen solchen Prozeß ist, daß die genannten Einheiten nicht etwa autonom agieren und Berechnungsprozesse wie nach dem sub-symbolischen Paradigma auf dieser Ebene ablaufen. Natürlich kann beispielsweise das Feuern eines Neurons je nach Erregung an seinen Synapsen als regelbasierter Berechnungsprozeß verstanden werden [Goschke 90, S.38 und 40]. Die Verarbeitung beispielsweise eines empfangenen Zeichens passiert jedoch nicht auf dieser Mikroebene.

Vielmehr beeinflussen sich die »Sub-Symbole«gegenseitig und erzeugen so ein Gemeinschaftsverhalten, das dann als Informationsverarbeitung interpretierbar ist. Wichtiger ist aber, daß es sich um ein mehr oder weniger geordnetes Reaktionsverhalten des kognitiven Systems oder einiger großer Teilbereiche davon handelt. Ob und wie eine Interpretation von außen erfolgt, ist nicht vorrangig [Dorffner 91, S.174].

Ebenso kann das Verhalten des einzelnen Sub-Symbols durchaus unbedeutend für die gesamte kognitive Aktivität des Systems sein. Wie schon angedeutet, gibt es unscharfe Informationsverarbeitung [Goschke 90, S.34f], die mit solchen relativ kleinen Änderungen vielleicht zum Teil erklärt werden können. Wie ich später noch darlegen werde, ist die gegenseitige Beeinflussung der Einheiten aber so stark, daß eine einzelne Einheit das gesamte Systemverhalten auf Dauer verändern kann [Mainzer 95, S.196]. Auch dies ist ein Punkt, der gegen die oben angedeutete Meinung spricht, sub-symbolische Prozesse würden symbolische Kognition nur »kodieren«. Denn in bekannten physikalischen Realisierungen, eben dem Gehirn, wird so ganz massiv der Einfluß des Zufalls, der ja bereits in kleinsten Teilen eines kognitiven Systems[5] ansetzen kann, zu einer bestimmenden Kraft bzw. er würde es, wenn das System nicht statt auf Verhalten der einzelnen Einheit, sondern auf ungefähren Strömungen oder Mustern in der Gesamtheit basieren würde. Eine Formalisierung, die auf dem einzelnen Sub-Symbol aufsetzt, um symbolisches Verhalten auf der höheren Ebene zu be-

rechnen, wird so ad absurdum geführt. Aufgrund der begrenzten Genauigkeit im Computer gespeicherter Zahlen würde so ein Versuch auf Dauer sogar bei im Computer realisierten Systemen fehlschlagen.
Von verschiedenen Formalisierungsversuchen und Beispielen für ein solches geordnetes Verhalten als Ergebnis der Interaktion vieler Einheiten werde ich im folgenden Unterabschnitt berichten. Dabei beziehe ich mich nicht nur auf kognitive Systeme, unter anderem deshalb, weil viele wichtige Erkenntnisse an anderen Beispielen gewonnen wurden.

4.2 Parallelismus und Chaostheorie

Hier soll es um verschiedene Ansätze zur Formalisierung parallelen Verhaltens gehen, teilweise auf der Basis von real existierenden, teils auf der Basis von rein formalen Systemen. Diese Aufstellung ist in keiner Weise umfassend, sie soll nur im Hinblick auf spätere Überlegungen zeigen, welche Vielfalt von massiv parallelen Systemen mit Interaktion es gibt.
Zuerst ist zu bemerken, daß viele dieser Systeme chaotisches Verhalten zeigen, wozu die eben genannte Eigenschaft der Sensitivität gegenüber kleinsten Veränderungen gehört. Die Chaostheorie hat vor allem bei der Beschreibung nichtlinearer Systeme wichtige Ergebnisse erbracht, unter anderem eben durch die Aussage, daß es unmöglich sei, das Verhalten eines Systems durch Reduktion auf seine »kleinsten«konstituierenden Bestandteile und Berechnung deren gemeinsamen Verhaltens vorauszusagen[6] [Mainzer 95, S.196]. Stattdessen wird versucht, Beziehungen zwischen verschiedenen Größenmaßstäben eines Systems und den Strukturen dieser Ausmaße herzustellen. Ein beliebtes Schlagwort ist das der Selbstähnlichkeit. Insgesamt geht es also um Muster, die auf verschiedenen Ebenen *ungefähr* wieder auftauchen [Mainzer 95, S.224]. Eine Vorausberechnung von Systemen wird dabei jedoch nicht grundsätzlich abgelehnt. Es geht nur darum, daß eine solche Vorausberechnung selbst unter der Annahme, daß ein gedachtes System nie von außen gestört würde, immer ungenau sein muß[7] und somit eine Störung quasi »von innen«auftritt. Eine solche Berechnung kann also nur einen möglichen Weg eines Systems annähern. Interessanterweise lassen sich dennoch auf diese Weise Ergebnisse gewinnen. Diese liegen aber auf einer anderen Ebene, z.B. Selbstähnlichkeit, und treten bei relativ beliebiger Entwicklung eines Systems auf, so daß Ungenauigkeiten eben nicht stören. Die semiotischen Implikationen bei Selbstähnlichkeit in kognitiven Systemen ist im

Rahmen dieser Arbeit schwer einzuschätzen. Ein Gedankengang wäre beispielsweise, daß sich Konzepte bzw. deren entsprechende Aktivierungsmuster auf verschieden großen interagierenden Bereichen wiederfinden, welche aber vermutlich nicht scharf voneinander abgegrenzt sind.

Diese Art von Systemen wurde auf der mathematischen Ebene unter anderem durch zwei Arten von Formalisierung des Systemverhaltens untersucht. Einerseits wurden Systeme, die sich kontinuierlich entwickeln, wirklich anhand ihrer Differentialgleichungen untersucht. Beispiele sind verschiedene Gleichungssysteme der Thermodynamik. Viele Ergebnisse lassen sich aber auch vereinfacht durch Diskretisierung gewinnen [Mainzer 95, S.222]. Dies bedeutet beispielsweise, daß nicht versucht wird, kontinuierliche Entwicklung in möglichst kleinen und damit genauen Differentialschritten zu simulieren, sondern feste, diskrete Zeitschritte einzuführen, wodurch sich die betrachteten Gleichungen oftmals von Differentialgleichungen in Differenzengleichungen umformen lassen. In neuronalen Netzwerken, wie sie in Computern realisiert sind, ist dieser Schritt gegenüber neuralen Systemen beispielsweise schon vollzogen. Andere Beispiele kommen aus der Populationsbiologie oder aus der Astrophysik [Mainzer 95, S.222]. Letztendlich ergibt sich eine Gleichungsform, in der sich der nächste Zustand des Systems[8] einfach durch ständige Anwendung einer Transformation auf das aktuelle Ergebnis berechnen läßt [Mainzer 95, S.224]. Auf diese Weise zeigt sich die Rekursivität solcher Systeme äußerst deutlich. Auf einige Implikationen von Rekursivität für kognitive Modelle werde ich später eingehen. An diesen vereinfachten Versionen lassen sich viele wichtige Eigenschaften des Originalsystems viel einfacher untersuchen. Es ist anzumerken, daß praktisch jede Form der Simulation auf dem Computer bereits eine Überführung ins Diskrete dadurch impliziert, daß ja mit Zahlen endlicher Genauigkeit bzw. endlicher möglicher Größe gerechnet wird.

Ein wichtiges Ergebnis aller dieser Untersuchungen ist jenes, daß sich bestimmte Ergebnisse trotz fast vollständig zufälliger Einflüsse immer fest erhalten. Dies kann einerseits in Mustern resultieren, die nur statistisch nachweisbar sind. Andererseits kann zum Beispiel das Langzeitverhalten eines Systems extrem detaillierte und mathematisch genaue Muster hervorbringen, wenn nur garantiert ist, daß bestimmte Transformationen mit einer gewissen Mindestwahrscheinlichkeit in einer Transformationsfolge auftreten [Mainzer 95, S.429].

Bei beiden oben genannten Ansätzen wurden auf Dauer nicht nur Phänomene aus der Natur untersucht, sondern von ihnen abstrahiert. Es wurden also auch rein gedankli-

che mathematische Systeme untersucht. Wichtige Beispiele kommen aus der Automatentheorie, die mit sich in der Zeit abhängig von ihren Nachbarn entwickelnden »Zellen«arbeitet. Automatentheorie besagt im übrigen, daß mit Automatensystemen bestimmter Klassen praktisch alle physikalisch realisierbaren Systeme abgebildet werden können, auch intelligente, kognitive Systeme wie der Mensch. Diese können aber[9] mit heutigen Rechnerarchitekturen nicht simuliert werden [Mainzer 95, S.299]. Mit dieser Herangehensweise ließen sich in breitem Maße Äquivalenzen zwischen verschiedenen Systemen auf unterschiedlicher Ebene feststellen. So geht zum Beispiel Smolensky auf Gemeinsamkeiten zwischen neuronalen Kognitionsmodellen und thermodynamischen Systemen ein [Goschke 90, S.31].
Hofstadters Metapher eines Ameisenhaufens [Hofstadter 88, S.704] ist hier sehr angebracht, da sie sehr gut demonstriert, wie sehr die Eigenschaft der Selbstorganisation, der Bildung von Mustern also, mit chaotischen Systemen verknüpft ist: Ameisen wandern auf ihren Pfaden, hinterlassen Pheromone, was wiederum weitere Ameisen anzieht. Umgekehrt führt das Nachlassen der Aktivität auf einem Pfad auch zum Verblassen der Pheromonspur. Verstärkungsphänomene also, die aus dem System von innen heraus erklärbar sind.
Selbstorganisation in kognitiven Systemen wird vom Konnektionismus ja explizit betont. Für die Semiotik besteht wiederum die Kommunikationsfrage, also eine Sicht nach außen. Wie bildet sich in sozialen Gruppen, nicht erst auf der internen Ebene des Individuums, ein Code heraus, wie und wie stark ist er verknüpft mit der biologischen Entwicklung der Individuen? Da Chaostheorie auch explizit auf soziale Phänomene Bezug nimmt [Mainzer 95, S.195], läge hier sogar schon formales Instrumentarium und eine weit ausgebaute Theoriebildung zur Untersuchung vor.
Eine für semiotische Fragestellungen, aber auch für die Kognitionswissenschaft interessante Tatsache sei noch angeführt. Die Zustände, die von chaotischen Systemen produziert werden, insbesondere ihre Abfolge, ist selbst bei sehr einfachen Systemen extrem komplex. Man denke an Beispiele der Fraktalgrafik, deren Formeln nur durch wenige Zeichen »kodiert«werden. Es gibt Ansätze, solches vor allem auch nicht vorhersehbare Verhalten als Produktion von Information zu betrachten. Dies macht eine Vielzahl solcher Systeme für die Semiotik sehr interessant, insbesondere, da sie teilweise vollständig mathematisch formalisiert sind[10] und so sehr leicht zu untersuchen und quasi zu simulieren sind.

Hiermit möchte ich die Ausführungen zu diesem sehr umfangreichen Thema abschließen. Die folgenden Gedankengänge konzentrieren sich wieder stärker auf offensichtlich kognitive Systeme wie das Gehirn bzw. den Menschen insgesamt.

5. Zusätzliche Überlegungen

5.1 Repräsentation

Wie bereits angesprochen, ist die auf der Interaktion von Units basierende sub-symbolische Zeichenverarbeitung unabhängig davon, ob sich im sub-symbolischen Bereich die symbolischen Charakteristika eines Systems für uns sichtbar widerspiegeln. Stattdessen wird sich gerade bei großen Systemen eine solche symbolische Repräsentation bestenfalls statistisch feststellen lassen.

Dorffner bringt verschiedene Argumente dafür, daß die Art, wie sub-symbolische Modelle kognitives Verhalten approximieren, überhaupt nicht mehr als Repräsentation im herkömmlichen Sinne verstanden werden kann: 1. Die verschiedenen »repräsentierten«Konzepte sind beispielsweise in neuronalen Netzwerken nicht klar auf einen bestimmten Abschnitt des Netzwerks lokalisiert. 2. Auch lassen sich diese Abschnitte (Cluster) nicht klar von außen identifizieren, was eine Interpretation bzw. die Beschreibung einer Abbildung praktisch unmöglich macht. 3. Sub-symbolische Systeme wie beispielsweise neuronale Netzwerke werden mit Verfahren, z.B. Lernalgorithmen konditioniert, die unabhängig von der Vorstellung funktionieren, welchen Teil einer (möglicherweise fiktiven) Welt diese Systeme dann repräsentieren. Sie sind also in gewissem Sinne interpretationsfrei [Dorffner 91, S.173].

Eine nachträglich möglicherweise erfolgende Interpretation des Systems würde, so Dorffner, durch das Funktionieren des Systems nicht vorausgesetzt. Seiner Auffassung nach würde, wenn sub-symbolische, vor allem selbstorganisierende Systeme wirklich kognitives Verhalten simulieren könnten[11], die Vorstellung, für kognitive Prozesse sei eine Art von Wissensrepräsentation nötig, entsprechend relativiert [Dorffner 91, S.175]. Er gibt an, daß seine sich hier zeigende strenge Definition von Repräsentation vor allem aus Mißverständnissen zwischen Vertretern des symbolischen und des sub-symbolischen Paradigmas resultiere [Dorffner 91, S.176]. Entsprechend greift er auch auf eine eher verhaltensbezogene Definition von Wissen zurück [Dorffner 91, S.175]. Statt der Wissensspeicherung im Sinne des symbolischen Paradigmas gebe es andere Repräsentationsaspekte. Einerseits seien bereits durch die Input- und Output-Layer einige Konzepte von der Struktur der zu verarbeitenden Information vorweggenommen [Dorffner 91, S.178]. Andererseits werde implizit durch das Design der sub-symbolischen Systeme beispielsweise auf einer Meta-Ebene das

Konzept der Selbstorganisation oder das der Kategorisierung von Information mit »eingearbeitet«[Dorffner 91, S.181].
Ich möchte diesen Überlegungen jedoch hinzufügen, daß der Ausschluß von Repräsentation aus dem konnektionistischen Schema vor allem daraus resultiert, daß in der Kritik am Repräsentationsbegriff des symbolischen Paradigmas Repräsentation im strengen Sinne, vor allem abhängig von einer Interpretation aufgefaßt wird. Natürlich besitzen Symbole im herkömmlichen Sinne wohl kaum eine Beziehung zur Welt bzw. zu kognitiven Systemen ohne ein beobachtendes Individuum. Andererseits geht Dorffner selbst darauf ein, daß sich »intelligente«Lebewesen oder Systeme mit der wie auch immer entstandenen Fähigkeit, Symbole zu manipulieren, ja oft ohne das Zutun Außenstehender entwickelt haben [Dorffner 91, S.175].
Die Annahme, daß beispielsweise das Verhalten und die Interaktion zwischen Individuen hier eine große Rolle spielen, welche beispielsweise durch die Bildung verschiedener Konzepte bei Kindern erst *nach* der Geburt unterstützt wird, führt durchaus nicht unbedingt zu einem behavioristischen Standpunkt [Dorffner 91, S.180]. Es geht viel weniger um eine strukturlose Beschreibung des äußeren Systemverhaltens als um eine Untersuchung, wie sich die Strukturen solcher Systeme durch Interaktion gegenseitig beeinflussen. Solche Theorien führen dann aber aus reinem Konnektionismus heraus, da hier neben der internen Struktur kognitiver Systeme auch verschiedene andere Ebenen zu betrachten sind.

5.2 Rekursion

Das hier angesprochene Problem bezieht sich hauptsächlich auf die Simulation von Zeichenverarbeitungsprozessen mit Hilfe verschiedener Systeme[12]. Es handelt sich dabei ganz hauptsächlich um Fragen des Selbstbezugs von zeichenverarbeitenden Systemen. Dieser etwas unglückliche Begriff soll hier eben *nicht* unbedingt (manchmal aber schon) die bewußte Selbst*referenz* von intelligenten Organismen bezeichnen, sondern verschiedene Aspekte, in denen (meistens) intelligente Systeme in ihrer Informationsverarbeitung ihre eigenen Eigenschaften mit verwenden. Diese Aufzählung sucht sicherlich nicht nach Vollständigkeit, ich möchte aber Perspektiven anbieten, unter denen sich neue Modellierungsansätze bilden können, die jedoch nicht immer eine gute Grundlage für eine formale mathematische Beschreibung bieten. Diese wäre für die im Konnektionismus üblichen Simulationen wünschenswert. Es muß betont werden, daß diese Fragestellungen teilweise für heutige Konnektionis-

musforschung kaum eine Rolle spielen. Ich denke aber, daß sie langfristig von Interesse sein können.
Der erste Punkt hängt stark mit den oben ausgeführten Eigenschaften der massiven Parallelität zusammen. Letztendlich werden auch neuronale Netzwerke heute als sozusagen mechanisierte Möglichkeit zur Entwicklung einer nicht vollständig formalisierten Input-Output-Funktion verstanden [Dorffner 91, S.275]. Dabei werden in der Anwendungsphase, also nach dem Konditionierungsprozeß eines neuronalen Netzwerks, die Erregungen des Input-Layers von Ebene zu Ebene bis hin zum Output-Layer mit entsprechenden Manipulationen aufgrund der Verschaltung durchgereicht[13]. Abgesehen von einigen technischen Lösungen, zum Beispiel fest eingestellten Erregungen an manchen Neuroneneingängen oder Schleifen ist eine wirklich massive Rückverschaltung doch eher selten der Fall [Dorffner 91, S.276].
Gerade diese Rückverschaltung ist aber eine der herausstechenden Eigenschaften des Gehirns [Marr 82, S.24]. Es ist zu vermuten, daß eine solche sozusagen rekursive Erregung fast bei allen Semiosen eine Rolle spielt. Bei der Modellierung der Denkprozesse von Tier und Mensch könnte sich hier aber ein interessantes Feld eröffnen, zumal damit die Beschreibungsebene der neuronalen Netzwerke nicht verlassen werden muß und so bereits ein relativ umfangreiches formales Modellierungs- und Deskriptionsinstrumentarium zur Verfügung steht.
Ein weiterer Aspekt der Rückbezüglichkeit neuronaler Systeme steht in Verbindung mit der Aufnahme von Information. Dorffner weist unter anderem darauf hin, daß eine Aufnahme von Information aus der Umwelt hochgradig ungerichtet und kontextbezogen abläuft [Dorffner 91, S.157f]. Daraus leitet sich ja, wie oben beschrieben, ein Kritikpunkt am symbolischen Paradigma ab, das bei einer Modellierung ja eine recht weitgehende Vorformalisierung des Symbolbereichs bzw. der repräsentierbaren Welt erfordert. Gerade hier liegen aber auch bei bis jetzt verwendeten neuronalen Netzwerken gewisse Formalisierungen vor, die die Funktionsmöglichkeiten einschränken, indem sie im Design bereits festgelegte Input-Layer besitzen, die nachträglich praktisch nicht beeinflußt oder denen andere Verfahren vorgeschaltet werden, um Informationen in eine von Netzwerk verarbeitbare Form zu bringen.
Ich möchte hier ein weniger formales Beispiel anbringen. Beim Erkennen von Schriftzeichen auf dem Papier wäre die Leistungsfähigkeit des menschlichen optischen Sinns sicherlich sehr begrenzt, wenn sich hier nur eine Einstellung beispielsweise auf Papier im DIN-A4-Format vornehmen ließe. Was wäre beispielsweise mit

Notizzetteln oder Plakaten? Der Einfluß des Gehirns auf den »eigentlichen« Sehapparat ist also beträchtlich.
Dieses Beispiel scheint bei erster Betrachtung doch viel zu weit entfernt vom heutigen Untersuchungsstand, wo ja ganz hauptsächlich mit relativ kleinen Netzwerken und einer genau formalisierten Eingabe gearbeitet wird. Aber man stelle sich beispielsweise vor, ein Netzwerk könne Eingabevektoren verschiedener Größe bearbeiten[14], indem diese je nach Situation sequentiell eingelesen und spätere Teile mit bereits erzeugten und gespeicherten Erregungen kombiniert werden. Auch hier ließe sich wenigstens anfänglich ein bereits vorhandenes formales Instrumentarium zur Untersuchung nutzen.
Zuletzt sei ein Thema angesprochen, das weniger zur formalen Modellierung beiträgt, als vielmehr einige philosophische und soziologische Bezüge herzustellen. Denn eine der entfernter liegenden Fragen der Kognitionsforschung, aber eben auch der Semiotik ist die des Bewußtseins. Wie bildet sich beispielsweise eine Repräsentation des Selbst? Daß dazu das sub-symbolische Paradigma vielleicht nicht vollständige Erklärungskraft besitzt, ist dabei eine andere Frage. Dennoch liefert beispielsweise Dorffner stichhaltige Argumente dafür, daß eben die Entwicklung von Bewußtsein ja ohne »äußeres«, gar intelligentes Zutun entwickelt habe [Dorffner 91, S.175]. Diese Feststellung verdient ohne Frage eine tiefergehende Beachtung. Andererseits spielt Sprachgebrauch und die Interaktion zwischen Individuen hierbei eine vermutlich nicht zu vernachlässigende Rolle. Soziologische und psychologische Faktoren haben wahrscheinlich einen wichtigen Anteil. Hier wird wohl eher eine deskriptive Erklärung anstatt einer starren Formalisierung zum Zuge kommen.
Insgesamt ist auch zu bemerken, daß eine formale Beschreibung vermutlich zum Zwecke einer irgendwie gearteten automatischen Simulation der beschriebenen Vorgänge vermutlich nützlich ist. Diese sehr nach praktikabler Anwendung ausgerichtete Sichtweise ist aber aus mehreren Gründen problematisch. Einerseits trägt sie auf lange Sicht möglicherweise zu einer voreiligen Einschätzung von Intelligenz und Bewußtsein, möglicherweise sogar anhand von Reaktionsmustern künstlich geschaffener Systeme bei. Andererseits steht die Frage im Raum, wie weit eine Formalisierungsmöglichkeit überhaupt das Maß für eine angemessene Explikation ist. Unter diesem Aspekt sind alle genannten Gedankengänge und auch die folgenden zu betrachten. Zunächst unternehme ich Überlegungen zu Fragen bezüglich des zeitlichen Ablaufs in der Informationsverarbeitung.

5.3 Zeitliche Aspekte

Die hier behandelten Anschauungen sind eng mit den eben genannten Fragen nach Selbstbezüglichkeit oder Rekursivität verknüpft. Denn eine jegliche Informationsverarbeitung, auf welcher Ebene sie auch immer angesiedelt sein kann und wie auch immer sie abläuft, passiert nicht zeitlos. Diese Perspektive wird in der Konnektionismusforschung derzeit eher wenig betrachtet. Im Gegenteil, die starke Anwendungsorientierung diktiert geringe Antwortzeiten neuronaler Netzwerke. Hier scheint bei oberflächlicher Betrachtung kein Bedarf nach langsamen Netzwerken zu bestehen, die einen »unnötigen«zeitlichen Ablauf berücksichtigen.

Ganz so dramatisch stellt sich die Diskussion bei genauerer Untersuchung natürlich nicht dar. Im Konnektionismus wird ja bekanntlich die These vertreten, Informationsverarbeitung, insbesondere auch Repräsentation mit ihren Symbolen sei kontextabhängig [Dorffner 91, S.175]. Hier wird die Beobachtung einer raumzeitlichen Komponente deutlich, die in der Tat alles andere als trivial ist.

Wenn wir beispielsweise das menschliche Denken beobachten, kommen unter anderem geschichtliche und soziale Einflüsse auf das Denken ins Spiel. Die Bedeutung von Begriffen ist beispielsweise immer wieder ein beliebtes Streitthema in Sprachphilosophie und Linguistik, sollte es sicherlich auch in Kognitionswissenschaft und Semiotik sein.

Auch wird die unterschiedliche Dauer verschiedener kognitiver Prozesse durchaus nicht vernachlässigt. So schreibt beispielsweise Hofstadter:

> »Alles an der Kognition Interessante passiert unterhalb der 100-Millisekunden-Ebene - die Zeit, die man braucht, um die eigene Mutter zu erkennen.«[Hofstadter 88, S.689]

Hier deutet sich an, daß unbewußte Prozesse der Semiose für die Konnektionismusforschung vorerst interessanter sind. Dies ist auch durchaus berechtigt, da einerseits Symbolmanipulation auf einer höheren Ebene sich vielleicht eben *nicht* so klar auf eine Input-Output-Funktion abbilden läßt, andererseits besonders bei sehr abstrakten Konzepten die Frage nach Bewußtsein wieder ins Spiel kommen könnte.

Zu diesen Beobachtungen ist folgendes zu konstatieren: Die erstere ist in hohem Maße auf externe Einflüsse, also auf die »Außenwelt«des informationsverarbeitenden Systems bezogen. Dies ändert nichts an ihrer Wichtigkeit. Die zweite These stellt eher eine Positionierung des Konnektionismus, sozusagen eine Schwerpunktsetzung

dar. Inwieweit hier ein Ansatzpunkt für wirkliche Erklärung oder Klassifikation[15] besteht, läßt sich im Rahmen dieser Arbeit nicht beurteilen.
Ich möchte nun auf einen Aspekt der »internen«Zeitlichkeit eingehen, der vielmehr mit der Funktionsweise massiv paralleler Systeme in der Natur verknüpft ist. Es geht hierbei darum, daß solche Systeme normalerweise nicht erst durch einen äußeren Einfluß aktiviert werden. Sie befinden sich im Gegenteil in ständiger, dauerhafter Veränderung. Äußere Einflüsse können stattdessen als mehr oder weniger beständige »Störungen«dieses Ablaufs betrachtet werden, die eben seine Richtung beeinflussen. Sehr häufig können dabei bereits kleinste Störungen langfristig große Veränderungen im Ablauf herbeiführen [Mainzer 95, S.196]. Intensiv untersucht werden diese Eigenschaften nicht nur vieler natürlicher Systeme wie bereits angedeutet vor allem in der Chaosforschung.
Mainzer geht explizit darauf ein, daß das Gehirn gerade für solche Systeme ein deutliches Beispiel darstellt [Mainzer 95, S.298f]. Dies hängt mit der weiter oben besprochenen rekursiven Verschaltung im Gehirn zusammen, durch welche sich Neuronen eben massiv gegenseitig beinflussen können. Unter dieser Perspektive stellt sich das Gehirn natürlich als ein System dar, das praktisch dauerhaft starken Einflüssen von außen unterliegt. Hier bieten wiederum Gedanken der Emergenz eine wichtige Grundlage, wenn es darum geht, trotz dieser Unberechenbarkeit gewisse »Gesetzmäßigkeiten«ermitteln zu wollen.
Andererseits stellen sich Informationen, insbesondere sehr abstrakter Natur als kleiner Teil der insgesamt vorhandenen Einflüsse dar. Zudem ist auch die gesamte Reizflut, die das Gehirn verarbeitet, nicht etwa der einzige Auslöser, sondern ein, wenn auch extrem massiver, Einfluß auf eine ohnehin schon vorhandene Aktivität, ausgelöst unter anderem durch die Interaktion des Kleinhirns mit dem restlichen Nervensystem. Um Mißverständnisse auszuschließen: Es steht sicherlich außer Frage, daß menschliches Leben ohne die Interaktion mit der Umwelt praktisch unvorstellbar ist, ja sogar daß deren Bedeutung so groß ist, daß ihr Mangel Auswirkungen auf die biologische Lebensfähigkeit des Individuums haben kann. Was ich hier andeuten möchte ist lediglich die Annahme, daß das Gehirn nicht etwa erst durch einen Reiz aktiviert wird und dann bis hin zu einer »Antwort«aktiv ist, sondern daß sich beim Eintreffen dieses Reizes bereits Hirn- und vermutlich auch Denkaktivität vorfindet, die mit diesem Reiz interagiert [Dorffner 91, S.277]. Diese Sichtweise stellt meiner Auffassung nach auch ein Argument gegen das relativ starre Denken in Kategorien von Input und Output dar, die gleichwohl für die Funktionsweise einzelner Gehirnareale oder -

funktionen möglicherweise eine große Erklärungskraft besitzen. Zudem wird die nur äußerliche Sichtweise der Kontextabhängigkeit von Informationsverarbeitung erweitert. Es kommt der Behauptung, bei genau identischen äußeren Zuständen würde Information genau identisch verarbeitet, immer weniger Sinn zu.

Dies stellt die wichtigste Folgerung auch für formale Annäherungen an Gehirnfunktionsweisen, zum Beispiel neuronale Netze dar. Es herscht also nicht eine einmal antrainierte Verschaltung vor, die dann Reize auf Aktionen oder Begriffe abbildet und eventuell je nach Bedarf auch später noch angepaßt wird. Vielmehr besteht eine Wechselwirkung zwischen aktuellen Verschaltungs- und Erregungszuständen, die auch ohne »relevante«Reize oder Informationen abläuft. Denn auch intern[16] ausgelöste Erregungszustände werden vermutlich die Verschaltung im Gehirn beeinflussen [Mainzer 95, S.257]. Unter nochmaliger Betonung der Probleme, die sich durch eine zu starke Konzentration auf eine Formalisierung ergeben, weise ich darauf hin, daß sich hier auch bereits interessante formale Untersuchungsmittel, zum Beispiel zeiterweiterte Petrinetze herausgebildet haben, die aber bis jetzt eher zur Untersuchung von Netzstrukturen benutzt wurden, die als semantisch zu bezeichnen sind. Schwierigkeiten ergeben sich aus der großen Zahl von Neuronen, die auf Dauer zu modellieren sein wird. Aber vielleicht finden sich auch hier statistische Emergenzen. Zudem kann Zeitlichkeit bei vielen Verschaltungsmustern, bei denen sonst die »Repräsentation«[17] schwer erklärbar wird, eine zusätzliche Erklärungshilfe bieten.

Auf diese Eigenschaft von massiv parallelen Systemen gehen beispielsweise Hofstadters Beispiele von Molekülen und Ameisenvölkern wenigstens implizit ein und erfahren so eine interessante Aufwertung. Ein weiterer Aspekt, unter dem sie Beachtung verdienen, wird im kommenden Abschnitt angesprochen.

5.4 Verallgemeinerungen

Heutzutage wird das sub-symbolische Paradigma der Informatik praktisch untrennbar mit dem Konnektionismus verbunden. So schreibt zum Beispiel Dorffner:

> »Als Hofstadter 1985 zum ersten Mal den Ausdruck >sub-symbolisch<zu Papier brachte, waren neuronale Netze zwar schon seit Jahrzehnten bekannt, aber der Zusammenhang seiner Ideen zum Konnektionismus war (zumindest für Hofstadter) noch unbekannt. Smolensky (1988) hingegen [...] hatte [...] konnektionistische Netzwerke im Auge.«[Dorffner 91, S.161f]

Die drei Ebenen, eben die neurale, die subkonzeptuelle und die konzeptuelle Ebene, welche eben jeweils vom Gehirn, von sub-symbolischen Modellen bzw. von symbolischen Modellen exakt beschrieben werden [Dorffner 91, S.145], escheint eher als Formalisierung, um von der neuralen Ebene zu abstrahieren [Dorffner 91, S.146]. Bei Smolensky wird diese Unterscheidung noch etwas expliziter durch die Einführung eines »intuitive processor«(IP) als virtuelle Maschine auf der sub-symbolischen, assoziativen Ebene und den darin eingebetteten »conscious rule interpreter«(CRI) für bewußte symbolische bzw. regelbasierte Handlungen [Dorffner 91, S.146]. Dorffner sieht durch diese Unterteilung keinen Unterschied zu Hofstadter mit nicht so klarer Trennung, da dies eigentlich keine Ebenenunterscheidung in diesem Sinne sei [Dorffner 91, S.146f].

Hofstadter selbst geht selbst darauf ein, daß eine stark an der Funktionsweise des Gehirns orientierte Betrachtungsweise nicht die einzige Modellierungsmöglichkeit für sub-symbolische Informationsverarbeitung sein muß [Hofstadter 88, S.718]. Er schildert verschiedene Versuche, auch vom frühen Smolensky, anhand beispielsweise der Wärmeleitung durch Teilchen, Wissensrepräsentation zu simulieren [Hofstadter 88, S.713].

Es ist durchaus nicht offensichtlich, daß solche Ansätze als ungewöhnliche »Außenseiter«zu betrachten sind, die vielleicht eine begrenzte Anwendbarkeit besitzen, aber durch das erfolgreichere Konzept der neuronalen Netzwerke praktisch überholt wurden. Eine solche Auffassung ist im anwendungsorientierten Forschungsfeld insbesondere der Informatik vielleicht begrenzt legitim. Wenn es aber langfristig darum geht, kognitive Prozesse und Semiosen zu erklären[18], müssen andere mögliche Konzepte ebenso Beachtung finden.

Auch hier ergibt sich wieder die Dichotomie aus formaler und deskriptiver Betrachtungsweise. Einerseits lassen sich durch formale Modellierung verschiedenste Ansätze simulieren und auf ihre »Leistungsfähigkeit«testen. Die hieraus gezogenen Ergebnisse sind aber mit Vorsicht zu genießen. Denn die Bewertung dessen, was intelligent ist oder nicht, ist sicher alles andere als trivial. Für die Semiotik ergeben sich aus solchen eher hypothetischen Ansätzen möglicherweise Anregungen, wo denn nun auch noch Semiosen gefunden werden könnten. Umfassendere Theoriebildung auf dem Gebiet der nicht-humanen Kognition und Semiose wären dann vielleicht möglich.

6. Schluß

Insbesondere die beiden letzten Abschnitte haben verschiedene Themen des subsymbolischen Paradigmas und seiner Thesen unter relativ kognitionsbezogener Perspektive behandelt. Dies ergab sich hauptsächlich aus der Notwendigkeit, auf Modellierungstätigkeit Bezug zu nehmen und aus den Versuchen, Perspektiven für den Konnektionismus zu untersuchen, der ja insgesamt sehr stark von der Kognitionswissenschaft geprägt ist. Hier soll darum nochmals versucht werden, den angeschnittenen Problemen auch eine semiotische Bedeutung zuzuweisen.

Zuallererst stellt sich die Frage, wie sich der Begriff Zeichen angesichts der These, Information werde nur noch im Zusammenspiel enorm vieler, parallel agierender und interagierender Einheiten verarbeitet, überhaupt noch sinnvoll definieren läßt. Eine Möglichkeit dazu bestünde wahrscheinlich darin, sich an verschiedene konnektionistische Erklärungen anzulehnen, auf welche Weise Repräsentation und Symbolmanipulation auch in neuronalen Netzen passieren, nämlich implizit bzw. als Aktivierungsmuster sozusagen über das gesamte Netz hinweg. Zeichen wären dann, wenn sie als solche auch verarbeitet werden[19] bestimmte Eigenschaften eines Inputs, die solche Aktivierungsmuster in verschieden starker Ausprägung auslösen oder, um den angesprochenen zeitlichen Aspekten Rechnung zu tragen, ein gewisses Aktivierungs*verhalten* in Gang setzen. Dies sind teilweise recht vage Begriffe. Um nicht dem Vorwurf des Behaviorismus anheim zu fallen, müssen die internen Vorgänge detailliert untersucht werden. Das beschriebene Bild der Zeichenverarbeitung kann natürlich auch bedeuten, bereits vorhandene Aktivierungsabläufe in einer bestimmten Weise zu beeinflussen. Kontextsensitivität und unscharfe Konzeptbildungen sind hierbei natürlich bereits erfaßt durch die verschiedenstarke Musterausprägung. Es sollte noch gesagt werden, daß ein solches Modell nicht darauf basiert, daß das entsprechende Muster von außen als solches identifiziert werden kann, genauso wie auch Wissensspeicherung nach dem Konnektionismus *implizit* passiert. Sicherlich aber wird die »Realisierung«eines Zeichens stärker betont, da Eigenschaften diese ja immer mit zur aufgenommenen Information gehören. Inwieweit Zeichen bewußt als solche interpretiert werden müssen, damit von Informationsverarbeitung auf Zeichenebene gesprochen werden kann, ist dabei jedoch vorerst offen. Zudem soll dieses Modell nur als grobe Andeutung verstanden werden.

Dieses Modell betrifft vorerst natürlich nur die Aufnahme von Information. Gerade die Repräsentationsfrage zieht als Folge die Unklarheit darüber nach sich, wie aus einer impliziten Informationsspeicherung Kommunikation in Form der Übermittlung mehr oder weniger diskreter, konventionaler Zeichen resultieren kann. Wird aber Kognition und Denken als Prozeß verstanden, der extrem stark mit *Verhalten* und Handlung verknüpft ist, liegt die Vermutung nahe, daß in den zur Internalisierung eines Konzeptes gehörenden Mustern auch die nötigen Verhaltensweisen zur Kommunikation über dieses Konzept, im Falle eines Zeichens also der Erzeugung dieses Zeichens auf physikalischer Ebene, »kodiert«sind. Dies erfordert, kognitive Systeme extrem stark in Verbindung mit ihrem äußeren Zusammenhang, also ihrer Umwelt, zu betrachten. Das hat sowohl für theoretische Erklärungsansätze, als auch für praktische Modellierung und Anwendung Relevanz.

Fragen der Rekursivität und der Zeitlichkeit auf sub-symbolischer Ebene haben eine relativ unmittelbare Bedeutung für die Verarbeitung von Zeichen in ihrer Abfolge und in einer jeweiligen Situation, die sowohl durch innere als auch äußere Aspekte bestimmt ist und sich im Erregungszustand und in der »statischen« Verschaltungsstruktur des Gehirns niederschlägt.

Dies macht eben nicht nur die Kontextabhängigkeit von Informations*verarbeitung* sondern auch von *-übermittlung* nochmals deutlich. Zeichen, Bedeutung und Code ändern sich in der Praxis der meisten nicht-formalen Semiosen zumindest in geringem Maße ständig. Daß solche Effekte eventuell nicht nur eine deskriptive oder thesenartige Zusammenfassung des Phänomens, sondern auch eine letztendlich andere Formalisierung verlangen, sofern diese überhaupt noch erwünscht sein kann, ist anzunehmen.

Ob die Möglichkeit anderer kognitiver Systeme als jener, die im Gedanken neuronaler Netze und unmittelbar äquivalenter Strukturen realisiert, oder besser, formalisiert sind, Auswirkungen auf die Semiotik hat, ist sehr schwer zu beurteilen, da ja hier bewußt eine nicht-physikalische Perspektive eingenommen wird. Das muß natürlich nicht heißen, daß entsprechende Systeme nicht auch aus der Formalisierung natürlicher Phänomene angeregt werden können. Eigenschaften wie Kontextsensitivität von Semiosen oder der oben angedeutete Begriff vom Zeichen als Teil einer aufgenommenen Gesamtinformation werden sich[20] eventuell eher erhalten. Fragen der Repräsentation zum Bespiel könnten aber neu aufgeworfen werden, da hier die interne Struktur von kognitiven Systemen sehr entscheidend ist, wenn nicht gerade eine behavioristische Sichtweise vorgezogen wird.

Ich hoffe, aufgezeigt zu haben, daß zwischen der Kognitionswissenschaft und der Semiotik auch unter dem sub-symbolischen Standpunkt, der ja sehr oft einfach auf das »Funktionieren«eines Modells ausgerichtet ist und sich dann eben doch nicht mehr an einer erklärungskräftigen Modellierung interessiert ist, enge Beziehungen bestehen und sich für semiotische Themen einige interessante Implikationen aus konnektionistischen Argumentationen heraus ergeben. Eine Perspektive, die der Konnektionismus in seiner aktuellen Ausprägung jedoch weniger zu geben vermag, ist die systemexterne. Hier spielen physikalische, nicht nur formale Kommunikation, vor allem aber das Verhalten und die Interaktion von Individuen eine große Rolle. Soll Semiotik wirklich eine Bedeutung für die Kognitionswissenschaft erhalten, muß sie diese Perspektive in hohem Maße liefern, ohne ihre Beschreibung der internen Aspekte von Semiosen außer acht zu lassen.

Anmerkungen

1 Dies trifft nicht die Semiotik insgesamt, die ja mit der Behandlung von *Semiosen* sowohl interne als auch externe Vorgänge bearbeitet. Ich möchte andeuten, daß der Konnektionismus für die Semiotik hinsichtlich der externen Aspekte momentan noch weniger fruchtbar ist.

2 ohne diese jedoch ganz auszuschließen

3 Dies soll natürlich nicht die Vollständigkeit dieser Darstellung andeuten.

4 Es ist zu beachten, daß bereits auf dieser Ebene formal gesprochen wird. Natürlich könnte beispielsweise ein Neuron weiter in seine Zellbestandteile, Moleküle usw. zerlegt werden, aus deren Zusammenspiel dann Kognition entsteht.

5 sogar unterhalb der neuralen Ebene

6 Abgesehen davon, daß eventuell die niedrigste Ebene eines physikalischen Systems gar nicht bekannt ist (wer weiß was nach den Quarks kommt), liegt der Zufall schon auf der Quantenebene schon als bestimmendes Verhaltensmuster jedes einzelnen Teilchens vor. Quantentheorie arbeitet ja bekanntlich sehr stark mit statistischen Aussagen über das Verhalten von Objekten, seien es nun Teilchen oder Energiequanten.

7 Um alle Stellen zu berücksichtigen, würde ein Rechenschritt immer langsamer werden, da normalerweise die Stellenzahl zunimmt.

8 also der Zustand beim folgenden diskreten Zeitschritt

9 vielleicht zum Glück

10 Teilweise sind sie ja auch nur formal entstanden

11 was auch er als noch zu beweisen darstellt.

12 Ich werde im Abschnitt »Verallgemeinerungen«darauf eingehen, daß sich für die Semiotik langfristig eventuell Perspektiven ergeben, die auch andere formale Grundlagen als neuronale Netzwerke benutzen könnten.

13 Natürlich ist diese Beschreibung oft vereinfacht, da ja beispielsweise häufig bereits vor dem Training das Netz Hierarchisierungen im Design seiner Struktur erfährt.

14 Was ja durch die parallele Verarbeitung in einer bestimmten Datenbreite »unmöglich«ist.

15 beispielsweise von Denkprozessen nach ihrer Dauer, was für weitergehende Untersuchungen ja durchaus als Instrumentarium bedeutsam sein kann.

16 Genauso, wie sich Repräsentation von Symbolen nicht immer klar in neuronalen Netzwerken ausmachen läßt, wird sich sicher auch in den seltensten Fällen ermitteln lassen, ob ein Erregungszustand eines Neurons primär extern oder intern begründet ist.

17 auch wenn dieser Begriff, wie oben erläutert, oft abgelehnt wird.

18

Und gerade die Semiotik beschränkt sich ja sehr zurecht eben nicht nur auf das menschliche Denken.

19

Es ist klar, daß die Mengen der bewußt erzeugten und die der bewußt aufgenommenen Informationen sich zwar vermutlich überschneiden, aber weder gleich sind noch irgendwelche Teilmengenbeziehungen besitzen.

20

Es sei denn, der Einfluß des symbolischen Paradigmas würde das Sub-Symbolische wieder stärker verdrängen, was aller Voraussicht nach nicht anzunehmen ist.

Literatur

Dölling 98

Dölling, Evelyn (1998), Semiotik und Kommunikationswissenschaft. In: *Zeitschrift für Semiotik*, Hg. Roland Posner, Tübingen: Stauffenburg, Bd. 20, Heft 1-2, S. 133-159.

Dorffner 89

Dorffner, Georg (1989), Konnektionismus in der AI. In: *Informatik Fachberichte*, Hg. Retti, Johannes, Karl Sedlmair, Berlin et al.: Springer, Bd. 208, Tagungsband zur 5. Österreichischen Artificial-Intelligence-Tagung, S. 212-217.

Dorffner 91

Dorffner, Georg (1991), Konnektionismus: von neuronalen Netzwerken zu einer »natürlichen«KI, Stuttgart: Teubner.

Goschke 90

Goschke, Thomas (1990), Wissen ohne Symbole? Das Programm des neuen Konnektionismus. In: *Zeitschrift für Semiotik*, Hg. Roland Posner, Tübingen: Stauffenburg, Bd. 12, Heft 1-2, S. 25-45.

Hofstadter 88

Hofstadter, Douglas R. (1988), Metamagicum: Fragen nach der Essenz von Geist und Struktur, Stuttgart: Klett-Cotta, Übersetzung von Thomas Niehaus.

Mainzer 95

Mainzer, Klaus (1995), Computer - neue Flügel des Geistes? : Die Evolution computergestützter Technik, Wissenschaft, Kultur und Philosophie, Berlin, New York: de Gruyter.

Marr 82

Marr, David (1982), Vision - A Computational Investigation into the Human Representation and Processing of Visual Information, San Francisco: W. H. Freeman and Company.

Peschl 89

Peschl, Markus F. (1989), Cognitive Modelling: Von der symbolischen AI zum »connectionnist approach«. In: *Informatik Fachberichte*, Hg. Retti, Johannes, Karl Sedlmair, Berlin et al.: Springer, Bd. 208, Tagungsband zur 5. Österreichischen Artificial-Intelligence-Tagung, S. 240-249.

Dieser Titel wurde vermittelt durch die
B&P Verlagsagentur
B&P Wissenschaft
Chausseestraße 101
10115 Berlin
directmail:
BPlektorat@aol.com

ibidem-Verlag
Melchiorstr. 15
D-70439 Stuttgart
Germany

www.ibidem-verlag.de
info@ibidem-verlag.de

FSC
www.fsc.org
MIX
Papier | Fördert gute Waldnutzung
FSC® C083411

Zeitfracht Medien GmbH
Ferdinand-Jühlke-Straße 7
99095 Erfurt, Deutschland
produktsicherheit@kolibri360.de